Russian Jokes
A Very Short Anthology of Russian Humor

By Vovan Otradniy

Table of Contents

Wives Жены

1

Звонок в дверь:

- Кто там?

- Джек – потрошитель.

- Дорогая, это к тебе.

Doorbell rings:

- Who's there?

- Jack the Ripper.

- Dear, it's for you.

2

- Твоя жена дома?

- Нет, она на аукционе.

- Да? И сколько думаешь за нее получишь?

- Is your wife at home?

- No, she's at an auction.

- Yeah? How much do you think you can get for her?

3.

- Что нового?

- Жена мне изменяет.

- Ты не понял. Я спрашиваю: что нового?

- What's new?

- My wife is cheating on me.

- You didn't get me. I'm asking: what's new?

4.

Девушка ловит машину в деревне и просит отвезти ее до города.

Водитель говорит:

- Сегодня уже восьмую женщину везу до города.

- А я не женщина!

- Ну, а еще и не город.

A young girl is catching a gypsy cab in the village and asks the driver
to take her to town.

Driver says:

- You're the 8th woman I'm driving to town today.

- Well, I'm actually not a woman yet.

- But, we're not in town yet either, are we?

5.

Два мужика разговаривают:

- Слыш, скольо ты дашь за мою жену?

- Нисколько.

- Договорились.

Two men are talking:

- Listen, how much would you give for my wife?

- Nothing.

- You've got a deal.

6.

Жена говорит мужу:

Я к соседке сбегаю на минутку, а ты мешай суп каждые полчаса.

Wife tells her husband:

- I'll run the neighbor's for one minute, please stir the soup every half an hour.

Drinking Пьянство

7

Муж приходит домой пьяный. Жена говорит.

- Ну все. Выбирай. Или я или водка.

Мужик почесал голову:

- И сколько водки?

Husband comes home drunk. Wife says:

- That's it. Pick. Either me or vodka.

Husband scratches his head.

- How much vodka?

8.

Пьяный муж приходит домой. Жена говорит:

- Ты что опять столько выпил?

Муж говорит:

- Да, немного. Только бутылку на троих.

- Почему ты такой пьяный?

- Двое других не пришли.

Drunk husband comes home. Wife says:

-   Why did you drink so much again?

Husband says:

-   I didn't drink that much. Only one bottle for the three of us.

-   Then why are you so drunk?

-   The other two didn't show up.

9.

Двое посетителей в дешевом баре заказывают выпить.

Оба заказывают пиво, один из них добавляет:

- Для меня, в чистой кружке пожалуйса.

Немного позже официант приносит два пива и говорит.

- Кто из вас просил чистую кружку?

Two visitors at a cheap bar are ordering drinks. Both of them order beer and one of them adds:

- Make sure my mug is clean please.

A little the later a waiter brings two beers and asks:

- Which one of you asked for a clean mug?

10.

Мужик приходит домой пьяный. Жена ему говорит:

- Ты что опять нажрался? Ты ж обещал сегожня любить меня?

- Ладно, дай еще банку пива выпью и тогда...

В отчаянии жена выбигает на балкон квартиры и кричит:

- Господи, неужели в этом доме нет ни одного настоящего мужика?

Голоса снизу:

- А что, есть что выпить?

A guy comes home drunk. His wife says:

- You're wasted again? You promised to make love to me tonight!

- Alright, let me have another can of beer and then we can...

In disbelief she runs out to the balcony of the apartment and yells:

- God damnit, isn't there not one real man in this whole building?

Voices from the second floor:

- Why, got anything to drink?

11.

Мужик пьяный валяется в грязи. Мимо проходит женщина.

- Да сама та свинья! Кричит мужик.

- Что? Я Вам что нибудь разве сказала.

- Не сказала, зато подумала!

A drunk is lying down in the gutter. A woman is passing by.

- You're the pig, not me! He suddenly yells.

- What? Did I tell you anything?

- But you were thinking it, weren't you!?

At the doctor's У врача

Пациент, заходя на прием к врачу говорит:

- Доктор, помогите мне пожалуйста, меня все игнорируют.

Доктор:

- Следующий!

Patient, coming inside a doctor's office says:

-   Doctor, you have to help, everyone keeps ignoring me.

Doctor:

-   Next!

13.

Пациент:

- Доктор, у моей жены на лобке рыжие волосы.
- И что, Вам это мешает?
- Мне нет, но мои друзья смеются.

Patient:

- Doctor, my wife's pubic hair is red.
- So, does that bother you?
- Not me, but my friends make fun of her every time.

14.

Пациент доктору:

- Доктор, меня печень моя убивает.

-Хорошо, где у Вас болит?

- И здесь, и здесь, и здесь...

- Хорошо. Водку пьете?

- Пробовал доктор, не помогает!

Patient talking to the doctor:
-   Doc, my liver is killing me.
-   Okay, where does it hurt?
-   Here, here, here.
-   Okay. Do you drink vodka?
-   Already tried that. Didn't help.

Пациент:

- Доктор дело вот в чем? Каждое утро у меня в 7 утра бывает стул
- Ну так в чем проблема?
- Ну, я то не встаю до 8ми.

Patient:

- Doctor, the issue is that... every morning I defecate exactly the same time, 7 AM.
- So what's the problem?
- Well, I never get out of bed till 8.

16.

Пациент:

- Доктор, но моежт быть все таки есть еще надежда?

- Ну, смотря на что вы надеетесь.

Patient:

- Doctor, tell me, maybe there's still hope?

- Well, it depends what you're hoping for.

Jail В Тюрьме

17.

Суд идет над убийцей который зарезал старушку во время ограбления.

Судья:

-Как вы могли убить бедную старушку? И всего за двадзать копеек?

Убийца:

- Ну и что? Пять старушек – это уже рубль!

A murderer who killed an old lady when he was rubbing her is standing trial.

Judge says"

- How could you kill that poor old lady? And for just 20 kopecks?

Killer:

- So what? Five poor old ladies – you've got a rouble, it all adds up!

18.

- Зачем вы сбежали из тюрьмы?

- Я хотел жениться.

- Странное у Вас представление о свободе, молодой человек.

- Why did you escape from prison?
- I wanted to get married.
- Strange notion of freedom you've got, young man.

19.

Судья:

-Обвиняемый, Вы совершили кражу именно так как объяснял в
речи прокурор?

- Нет, не совсем, но его иетод тоже заслуживает внимания.

Judge:

- Did you rob the place exactly the way the prosecution described
  it?

- Not quite, but their method is also worth considering.

20.

Судья спрашивает убийцу:

- Вы можете мне объяснить зачем до взлома сейфа вы убили старушку, спящую в соседнеу комнате?

- На сейфе была надпись: открыть только после моей смерти.

The judge asks the killer:

- Can you explain why you killed the old lady sleeping in the next room before you broke into her safe?

- The safe had a sign: open only after my death.

21.

Преступника ведут на казнь. Он спрашивает.

- Какой сегодня день?

- Понедельник.

- Да, ничего себе неделька началась.

A criminal is being led to execution. He is asking the person leading him:

- What day of the week is it today?

- Monday.

- Wow, great way to start off the week.

Communism Коммунизм

23.

После смерти Сталина черти стали ломиться в ворота рая.

-Эээ вы куда это? – Святой Петр спрашивает.

- Вчера товарищ Сталин к нам приехал. Мы первые беженцы.

After Stalin's death the demons started to break into heaven through the golden gates.

- "Hey, where do you think you're going?" St. Peter asked them.

- Comrade Stalin got in yesterday. We're the first refugees.

24.

- Что такое то что не ходит, не кричит и не царапает пол?

- Советская машина для ходьбы, крика и царапанья пола

- What's something that doesn't walk, doesn't yell and doesn't scratch the floor?

- A device for walking, yelling and scratching the floor made in Soviet Union.

25.

- Что случится если коммунисты захватят Сахару?

- Через семь лет начнут импортировать песок.

- What would happen if the Communists took over the Sahara Desert?

- In seven years they'd start importing sand.

26.

- Товарищ Хрущев, скажите, это уже коммунизм или будет еще хуже?

Comrade Khrushchev, tell us, is this already communism or will it get even worse?

27.

Социалист, капиталист и коммунист договорились встретиться. Социалист опоздал.

- Извините за опоздание, стоял в очереди за колбасой.

- А что такое очередь? - спросил капиталист.

- А что такое колбаса? - спросил коммунист.

A socialist, a capitalist and a communist made a deal to meet. The socialist was late.

- "Sorry for running late, was standing in line to buy sausage," he said.

- "What's a line?" asked the capitalist.

- "What's a sausage?" asked the communist.

New Russians (Gangsters)

28.

Новый русский покупает квартиру и спрашивает:

- А это тихая квартира?

- Очень тихая! Предыдущего владельца пристрелили - так никто и не услышал!

A new Russian is buying an apartment and asks:

- Is that apartment quiet?

- Very quiet! Previous owner got shot in there — no one heard anything!

29.

Встречаются два "новых русских". Один другому:

- Гля, галстук купил! Штуку двести баксов отдал!

- Дурак ты - вон за углом такие же по штуке пятьсот!

Two new Russians meet. One says to the other:

- Check this out, I got a new tie! Paid twelve hundred bucks for it?

- You're a fool, you can get that same tie around the corner for fifteen hundred.

30.

Один новый русский рассказывает другу.

- Блин, купил себе проекционный телевизор за 3.5 штуки баксов, а кошка на него запрыгнула и нассала в заднюю крышку... 600 баксов за ремонт отдал!
- И ты ее не грохнул?
- Нет...(печально) - она штуку баксов стоит!

One new Russian says to his friend:

- Man, I bought this flat screen television for thirty five hundred bucks and my cat jumped on it and pissed all over it. Had to pay six hundred bucks for repairs!
- And you didn't whack her?
- No... (sadly) – she cost me a thousand bucks.

31.

Новый русский сидит в ресторане. К нему подбегает метрдотель.

- Вы застрелили нашего официанта!

- Не волнуйтесь, впишите его в счет.

A new Russian is sitting at a restaurant. A maitre d' runs up to him.

-   You've shot one of our waiters!

-   No problem, put him on my bill.

32.

Приходит новый русский к юристу:

- Сколько мне будет стоить развод с женой?

- Две тысячи баксов!

- Ты чего? Мне за пятьсот обещали ее грохнуть...

A new Russian comes to a lawyer:

-   How much will it cost to get a divorce from my wife?

-   Two thousand bucks!

-   Huh? I could whack her for $500.

33.

Новый русский приходит домой после недельного загула и говорит жене:

- У меня две новости, плохая и хорошая, с чего начать?

- Начинай с плохой.

- Я все наше имущество в казино проиграл.

- Ну, а хорошая?

- Это мое казино оказалось.

A new Russian comes home after a weeklong binge and tells his wife:

- I got some bad news and good news, which oneы do you want first?

- Start with the bad.

- I lost all our fortune at the casino two nights ago.

- Ok and what's the good news?

- It turned out to be my casino.

Новый русский говорит специалисту по животным:

- Расскажи-ка мне про верблюда.

Специалист:

- Верблюд - это уникальное животное, он может очень долго не пить, потому что выпитая жидкость из него выводится очень медленно в течение двух недель. А зачем вам это знать?

Новый русский:

- Да верблюда купил. Прикололся с ним.

И, созвонившись с кем-то по сотовому, прокричал в трубку:

- Колян, прикинь, эта скотина еще две недели не протрезвеет.

New Russian tells an animal expert:

-   Tell me about camels.

Specialist:

-   A camel is a unique creature that can go without drinking for a long time because the consumed liquid takes very long to exit its body, around two weeks. Why do you ask?

New Russian:

-   I bought myself one. Was messing around with him a little bit.

His phone rings. He picks up.

- Kolya, just found out that cattle won't sober up for another two weeks!

Miscellaneous

35.

Мужик ловит рыбу. Внезапно всплывает американская подводная лодка. Капитан вылазит из люка и на ломанном русском спрашивает:

- Друг, мы где находимся?

- Пошел на х..!

Капитан кричит обратно в люк:

- Ребята! Мы в России.

A guy is fishing. Suddenly an American submarine surfaces right next to him. Captain comes out of the hatch and in broken Russian asks.

- My friend, where are we right now?

- Go f... yourself!

Captain, yelling back to the people on the submarine:

- Guys, we're in Russia!

36.

Молодой человек приглашает девушку танцевать. Он подходит к ней и говорит:

- Можно Вас?

- Можно, но давайте сначала потанцуем

A young man is inviting a girl for a dance. He comes up to her and says:

- May I?

- You may, but let's dance first.

37.

Женщина, думающая, что путь к сердцу мужчины лежит через желудок, метит слишком высоко.

A woman that thinks that a way to man's heart lies through his stomach aims too high.

Профессор:

- Какой самый выдающийся продукт подарила нам химия на
  сегодняшний день?
- Блондинок.

Professor:

-   What is the most outstanding product that chemistry gave us as
    of today?
-   Blondes.